Linguagem COMUNICAÇÃO e PRODUÇÃO TEXTUAL

RODRIGO LEITE DA SILVA
ORGANIZADOR

Linguagem COMUNICAÇÃO e PRODUÇÃO TEXTUAL

MATRIOSKA
EDITORA

Publisher – Editorial: Luciana Félix
Publisher – Comercial: Patrícia Melo
Copidesque e preparação de texto: Ana Moura
Revisão: Equipe Matrioska Editora
Editoração e capa: Marcelo Correia da Silva

Matrioska Editora
Atendimento e venda direta ao leitor:
www.matrioskaeditora.com.br
contato@matrioskaeditora.com.br
facebook.com/matrioskaeditora
instagram.com/matrioskaeditora

Dados Internacionais de Catalogação na Publicação (CIP)
(Câmara Brasileira do Livro, SP, Brasil)

Linguagem, comunicação e produção textual / organização Rodrigo Leite da Silva. -- 1. ed. -- São Paulo : Matrioska Editora, 2023.

Bibliografia.
ISBN 978-65-84999-07-7

1. Comunicação digital 2. Comunicação empresarial 3. Etiqueta profissional 4. Linguagem 5. Redes sociais on-line - Aspectos sociais I. Silva, Rodrigo Leite da.

23-146007 CDD-658.45

Índices para catálogo sistemático:

1. Comunicação empresarial : Administração 658.45

Aline Graziele Benitez - Bibliotecária - CRB-1/3129

Impresso no Brasil
2023

Apresentação

Rodrigo Leite da Silva

Esta publicação tem a finalidade de apresentar mais uma possibilidade de reflexão sobre a linguagem em ambientes profissionais. Dessa maneira, selecionamos contextos de produção específicos para explicitarmos orientações nos campos da etiqueta digital (ou "netiqueta"), da comunicação empresarial, da construção da imagem e da ética profissionais.

Compreendemos que os relacionamentos no contexto virtual, mediados pela comunicação em rede de computadores ou em dispositivos digitais conectados à internet, devem ser organizados no âmbito da etiqueta digital — conhecida também como netiqueta —, pois apresentam uma possibilidade de convívio social agradável, a partir da preservação de bons hábitos, que permitem uma vida social mais harmônica.

No que se refere à comunicação empresarial, destacamos a necessidade de entender que a empresa estabelece, junto aos seus públicos (interno e externo), o estímulo ao diálogo para que se transmitam informações sobre suas normas, processos, procedimentos, desempenhos, atuações no mercado em que se instala etc.

No que tange à construção da imagem profissional, esta agrupa um conjunto de atributos que traduzem as competências e as características relacionadas à personalidade da pessoa. É resultado da construção de uma imagem positiva, na qual seja possível capturar as *expertises* profissionais do trabalhador e gerar boa impressão na área de atuação dele.

Finalizando, em relação ao contexto ético, são discutidas circunstâncias no escopo da Comunicação Não Violenta, de modo que o processo comunicativo, principalmente no contexto profissional; seja realizado a partir da manutenção da empatia e do senso de colaboração para o trabalho em equipe. Evitando-se julgamentos, torna-se possível trabalhar na compreensão dos aspectos voltados à diversidade. Durante o capítulo que trata desse tema, preocupa-se, ainda, com a reflexão sobre a concepção, a intencionalidade e os resultados gerados pelas notícias falsas, com vistas a mitigá-las.

Boa leitura!

Autores

Denizart Busto de Fazio

Mestre em Educação pela Universidade de São Paulo (USP). Professor do Centro Universitário São Camilo (CUSC).

Gleidis Roberta Guerra

Doutoranda em Distúrbios da Comunicação Humana na Universidade Federal de São Paulo (Unifesp). Mestrado em Distúrbios da Comunicação Humana (Fonoaudiologia) pela Universidade Federal de São Paulo (Unifesp). Coordenadora do NAPE – CUSC/SP. Professora do CUSC/SP.

Rodrigo Leite da Silva

Doutor em Língua Portuguesa pela PUC/SP e professor no Centro Universitário São Camilo (CUSC), das disciplinas de Linguagem, Comunicação e Produção de Textos; Multiculturalismo, Diversidade e Direitos Humanos; Saúde, Sociedade e Tecnologia. Membro do Conselho de Pesquisa (CPQ) do CUSC/SP.

SUMÁRIO

CAPÍTULO 1

Etiqueta digital ou netiqueta?

Aspectos corteses para as interações sociais digitais

Rodrigo Leite da Silva[1]

1.1 Introdução

A etiqueta social, no âmbito das relações humanas, tem sido frequentemente debatida pelo fato de os seus princípios basilares se sustentarem no respeito ao próximo, na delicadeza, no bom senso e nos bons modos, colaborando de maneira notável para o convívio entre as pessoas não somente nas famílias, mas também no trabalho e nas relações sociais humanas.

O respeito ao próximo deve propor a superação de desigualdades, com vistas a aceitar as diferenças de cada um como indispensáveis para a compreensão das complexidades

[1] Doutor em Língua Portuguesa pela PUC/SP e professor no Centro Universitário São Camilo (CUSC), das disciplinas de Linguagem, Comunicação e Produção de Textos; Multiculturalismo, Diversidade e Direitos Humanos; Saúde, Sociedade e Tecnologia. Membro do Conselho de Pesquisa (CPQ) do CUSC/SP.

que permeiam a convivência humana, corroborando, também, para o crescimento das relações humanas legítimas.

Desde o início da existência humana, os indivíduos criam regras, ainda que de maneira inconsciente, para conseguirem se preservar. A princípio, essas normas tinham como objetivo a manutenção da sobrevivência. Assim, houve a formação de grupos e, consequentemente, a divisão das tarefas: parte do grupo era responsável pela caça; outra, pela segurança; outros, pelos componentes da alimentação, e assim por diante.

Com o passar do tempo, os grupos se transformaram em aldeias, vilas e cidades. A partir desse momento, os relacionamentos seriam possíveis por meio da organização de um conjunto mínimo de normas de conduta e de regras que fossem respeitadas.

Atualmente, com o advento da crescente internacionalização dos serviços e a formação das megalópoles, há um conjunto complexo de sistemas dedicados aos serviços de atendimento à sociedade. Torna-se comum adotar um padrão de relacionamento humano designado como etiqueta. Esta se refere às regras de convivência dos coletivos humanos.

As regras de etiqueta frequentemente contribuem para a promoção da convivência harmônica entre as pessoas, proporcionando sutis maneiras de a humanidade construir suas relações com o próximo.

A etiqueta social, em sua essência, contribui para estabelecer um convívio agradável em comunidade e para preservar bons hábitos e seus propósitos, indo ao encontro da organização de uma vida em sociedade mais harmônica e justa. Nesse campo, não são permitidas formas de tratamento desrespeitosas, discriminatórias, preconceituosas, que expressam alguma forma de violência verbal ou quaisquer desconfortos diante dos interlocutores do processo comunicativo. Dessa maneira, faz-se necessário compreender a função básica da etiqueta social, com vistas a propor convivências amistosas nos mais variados espaços de interação social.

> A função básica da etiqueta social — possibilitar um convívio social agradável — é mantida em toda a sua essência. Se em alguns períodos da história ela foi instrumento de discriminação a serviço da elite, hoje cada vez mais sua importância tem sido reconhecida. Preservar bons hábitos e costumes pode ser relevante e permite que a vida em sociedade seja mais harmônica (ACOSTA, 2007, p. 6 apud BRITO, 2012, p. 12).

Assim sendo, os relacionamentos no contexto virtual, mediados pela comunicação em rede de computadores ou dispositivos digitais conectados à internet, são organizados no âmbito da etiqueta digital, conhecida também como "netiqueta".

1.2 Netiqueta: campos da cortesia (adequações e excessos)

O ciberespaço propõe a democratização das informações e a ampla divulgação dos conhecimentos produzidos em diferentes esferas (científica, filosófica, cultural, estética, artística etc.). Observamos, também, a educação ocupando-se mais dos ambientes virtuais. Dessa forma, é fundamental discutirmos o conceito de netiqueta.

A expressão "netiquette" (aportuguesada para "netiqueta") foi concebida em 1988 pela estadunidense Judith Kallos, consultora da WordPress e *coach* em empreendedorismo. Em sua prestação de serviços para empresas (nos EUA), com parte dos negócios on-line, ainda no período da internet discada, ela constatou que o ambiente empresarial não tinha se preparado para lidar com novas realidades produzidas pelos avanços tecnológicos.

Ou seja, a netiqueta é entendida como:

> O conjunto de regras de comportamento na internet, a netiqueta, tem origem na fusão das palavras net (em inglês, rede) e etiqueta (regras de comportamento — etiquette). A expressão traduz um conceito de bom uso da internet, sugestões e recomendações para usar as ferramentas e-mails, blogs, sites de relacionamento e demais ambientes virtuais (BISCALCHIN; ALMEIDA, 2011, p. 198).

Desse modo, o termo "netiqueta" surge com o propósito de nomear um conjunto de regras para que um padrão de comportamento desejável seja organizado pelos interlocutores do ambiente virtual e para que a internet seja um espaço menos desordenado e mais salutar.

Vale destacar, também, que atitudes aparentemente inofensivas podem causar aborrecimentos, ruídos comunicativos ou agressões evitáveis.

Para o alcance da netiqueta, observe as orientações a seguir:

a. **Tenha empatia.**

É fundamental ter a capacidade de se colocar no lugar do outro, pois isso trace os limites no campo das relações interpessoais.

b. **Esteja disponível para a adesão aos padrões de comportamento no ambiente digital.**

O comportamento on-line deve seguir padrões que prezam a manutenção da polidez entre os interlocutores desse espaço.

c. **É importante ter consciência do seu papel social (de líder ou liderado, por exemplo).**

Cada papel exige uma performance distinta e cria um conjunto de expectativas "no(s) outro(s)", principalmente no que se refere ao campo da polidez. É de acordo com o papel social ocupado que se tem consciência do que pode ou não ser dito.

d. **Respeite o tempo dos interlocutores presentes no ambiente digital.**

Há prazos para a realização dos trabalhos em equipe. Normalmente, os prazos são curtos. Dessa forma, é importante gerir o curto espaço de tempo e as diferenças existentes entre os membros da equipe, de modo que se construa um ambiente confiante e seguro para todos. O ambiente seguro e confiante constrói um bom clima organizacional para a execução de um trabalho coletivo.

e. **Os conhecimentos especializados sobre o desenvolvimento das atividades laborais em equipe devem ser democraticamente compartilhados.**

Não podemos concentrar todas as informações/conhecimentos relativos à execução do trabalho em equipe. É fundamental dividir com o grupo de modo que todos se sintam valorizados e facilitem o cumprimento dos prazos e das metas organizacionais estabelecidas.

f. **Evite conflitos. Caso ocorram, busque soluções que não exponham individualmente ninguém da sua equipe.**

Ao se preocupar com a construção de um clima organizacional agradável, evitam-se conflitos. Na intercorrência deles, procure a maneira mais diplomática possível para buscar uma resolução.

g. **É indispensável respeitar a privacidade do outro.**

O respeito à privacidade do outro é um dos limites fundamentais para estabelecer boas relações de convivência no ambiente de trabalho.

h. **Nunca use formas de tratamento que denotam abuso de poder.**

O papel social adotado na equipe indica o nosso nível de responsabilidade. Dessa forma, não é permitido tratar os integrantes do grupo de uma maneira que os inferiorize, instalando o medo e o caos. A postura deve ser diplomática, respeitando as diferenças existentes e colaborando para a participação de todos.

i. **Tenha uma postura compreensiva diante dos erros alheios.**

Os erros alheios não precisam de condenação. Eles podem ser utilizados como ferramentas para aprender as melhorias a serem adotadas, no âmbito das práticas laborais.

Identifique o erro, avalie-o e tome uma decisão ponderada, contribuindo para ampliar as melhorias diante da organização dos processos que regulam o trabalho em equipe.

Ao mesmo tempo, **evite:**

a. Uso de letras maiúsculas para a construção do seu texto, pois apresenta um sentido negativo, ou seja, parece que você está aos gritos. Caso tenha a intenção de destacar alguma informação, recorra ao negrito ou ao sublinhado, por exemplo.
b. Textos longos, uma vez que eles tendem a dificultar a compreensão da mensagem que se pretende comunicar. Seja sucinto e apresente apenas as informações essenciais.
c. Uso de língua estrangeira ou estrangeirismos.

Refletir sobre essas orientações o conduz à construção de relacionamentos interpessoais na internet baseados no respeito aos direitos e aos deveres de todos que compartilham do espaço virtual durante suas interações nos escopos profissional e pessoal. Logo, as adequações necessárias são cumpridas de modo cortês quanto à etiqueta digital.

1.3 Postura no âmbito da netiqueta

Devido à maior apropriação dos recursos dispostos pela tecnologia digital em todos os segmentos, seja profissional, seja pessoal, seja aqueles destinados ao lazer, faz-se necessária a adoção de uma postura respeitosa, aprazível, salutar, como marca fundamental da civilidade. Do mesmo modo que é desagradável uma discussão na fila, no trânsito ou em outras situações cotidianas, o fato de receber mensagens (no escopo digital) repletas de erros de ortografia, de pontuação, de regência ou de concordância demonstra ausência de zelo com o que se pretende comunicar, levando a futuros aborrecimentos.

Dessa forma, seguem algumas recomendações para que as interações na ambiência digital sejam mais eficientes e produzam os sentidos adequados nas mais variadas situações profissionais.

1.3.1 E-mails corporativos

O termo "e-mail" significa "eletronic mail", ou, em português, "correio eletrônico", e foi criado por Ray Tomlinson em 1971. O e-mail corporativo é utilizado para identificar os serviços de correspondência eletrônica, com vistas ao atendimento de necessidades específicas das empresas.

As necessidades são:

- Uso do domínio da empresa, no endereço de e-mail dos colaboradores. Por exemplo: nome@nomedaempresa.com.br.

- Concessão de autorização apenas aos colaboradores da organização empresarial, para trocarem correspondências e informações pelo e-mail corporativo.
- Centralização do controle das informações da empresa.
- Existência de *backup* das informações compartilhadas entre os usuários. Essa ação é importante, pois garante a segurança da informação.
- Compartilhamento de informações apenas entre os colaboradores.

Para que o e-mail corporativo-empresarial seja utilizado no campo da netiqueta, veja as orientações abaixo:

a. Tenha clareza no assunto tratado: as pessoas selecionam as informações para sua rotina de trabalho de acordo com o assunto apresentado no e-mail. Nesse sentido, seja claro, conciso e objetivo.
b. Use adequadamente o endereço do e-mail profissional: no ambiente corporativo, é indispensável identificar seu nome na composição do seu endereço eletrônico, pois isso facilitará a tratativa de informações na condução do trabalho.
c. Evite apelidos para construir seu e-mail, assim como nomes com pouca credibilidade.
d. Responda a todos: ao mesmo tempo, seja cuidadoso e use esse recurso apenas se houver real necessidade.
e. Prefira saudações profissionais: evite saudações que traduzam algum nível de intimidade ou que sejam muito coloquiais e descontraídas (como "E

aí?", "Beleza?"). Organize, assim, cumprimentos mais formais. Alguns exemplos: "Oi, fulano!", "Olá", e assim por diante.

f. Use de forma moderada os pontos de exclamação, visto que expressam emoções.
g. Evite usar humor, pois, em contextos profissionais, ele poderá trazer efeitos de sentido diferentes do que se pretende comunicar de fato.
h. Atente-se à formação cultural do seu destinatário: ao produzir um e-mail corporativo, leve em consideração e respeite a cultura em que o interlocutor está inserido. Por exemplo: japoneses, chineses e árabes valorizam as pessoas, logo os e-mails podem ser mais pessoais (sempre com equilíbrio, é claro), para que se construa um ambiente de segurança nesse âmbito. Já norte-americanos, alemães e escandinavos tendem a preferir mais objetividade na troca de informações.
i. Responda todos os seus e-mails: fazer isso é importante, principalmente se a pessoa trabalhar com você e ainda que ela encaminhe algum e-mail por engano. Entende-se essa ação como uma característica da etiqueta, mesmo que a resposta não seja obrigatória (no caso de uma mensagem encaminhada por engano, por exemplo). Dessa forma, avise sobre o equívoco para que a pessoa possa encaminhar o e-mail ao destinatário correto.
j. Revise a ortografia: faça a revisão ortográfica do conteúdo do seu e-mail; isso demonstra cuidado

com a mensagem e respeito aos interlocutores, além de produzir uma imagem corporativa positiva.

k. Coloque o endereço de e-mail após escrever a mensagem: quando colocamos antes, corremos maior risco de sermos surpreendidos com o encaminhamento de mensagens inacabadas ao nosso destinatário, situação que provoca um pouco de desconforto. Assim sendo, recomenda-se que o endereço do e-mail seja inserido ao final da redação da mensagem.
l. Certifique-se de que o destinatário está correto: temos centenas de pessoas em nossas listas, de maneira que estamos suscetíveis a errar o endereço. Para que isso não ocorra, confira mais de uma vez se o endereço eletrônico do destinatário está correto.
m. Não utilize e-mails corporativos para finalidades pessoais.

As recomendações acima traduzem uma postura (nas interações digitais) de capricho, cuidado e respeito ao seu interlocutor e asseguram percepções positivas em relação à sua imagem profissional.

1.3.2 Reuniões corporativas (on-line)

O trabalho no formato de home office proporcionou um aumento dos encontros virtuais para discutir assuntos corporativos de alta relevância, tomadas de decisões estratégicas e manutenção da coesão das equipes profissionais.

Para que uma reunião on-line seja realizada de maneira eficiente, é indispensável que ela seja previamente planejada e se organize a partir dos seguintes pontos:

- Existência de uma pauta preestabelecida.
- Discussão de questões relacionadas aos procedimentos a serem adotados para a maximização dos resultados, diante do trabalho em equipe.
- Premissa de que a reunião é um espaço que permite trocas argumentativas, para que haja o direcionamento da tomada de decisões e a colaboração para o desenvolvimento de estratégias inovadoras.
- Otimização do tempo compartilhado.

A reunião on-line, identificada como *web meeting,* não se limita apenas à transmissão de informações por suportes eletrônicos de uma plataforma digital.

Esse molde on-line de reunião pode ser utilizado em reuniões corporativas, treinamento de equipes, apresentação de produtos, congressos, palestras, seminários, coletivas de imprensa etc.

A finalidade é reunir pessoas de diversos locais para possibilitar a troca de informações e posicionamentos sobre assuntos especializados. No que se refere aos trabalhadores remotos, essas reuniões têm a função de propor as suas respectivas identificações e inclusões como membros da organização empresarial.

As reuniões on-line reduzem distâncias e melhoram a gestão do tempo. Assim sendo, transpõem os bloqueios logísticos organizacionais, para que se concretize o desenvolvimento das atividades da equipe.

1.3.3 A eficiência da reunião on-line

A tecnologia deve otimizar o tempo, logo a checagem dos detalhes minimiza os riscos de comprometimento da reunião. Faça a conferência do microfone, da qualidade da imagem da câmera e da conexão com a internet. Verifique a iluminação local também. É recomendável certificar-se de tudo isso com antecedência, pelo menos 60 minutos antes de iniciar a reunião.

- É importante que você verifique o funcionamento dos equipamentos e a conexão com a internet.
- Procure um ambiente silencioso, adequado e isolado.
- Evite distrações.
- É necessário ter foco no conteúdo abordado.
- Monte uma pauta relacionando o conteúdo a ser tratado na reunião.

Faça anotações sobre os assuntos pertinentes à reunião. Antes de iniciá-la, é importante verificar com sua equipe se alguém deseja incluir mais tópicos à pauta.

- É recomendável realizar reuniões curtas, pois uma conferência longa pode se tornar monótona e improdutiva.
- Tenha em mente que a produtividade da reunião conecta-se ao envolvimento dos colaboradores diante da temática tratada.
- Atente-se para a vestimenta.
- Não atravesse as falas dos membros da equipe; respeite a vez de cada um.

- As reuniões, sejam elas on-line, sejam elas presenciais, devem ser registradas em atas para que as tomadas de decisões fiquem sempre documentadas.

Siga as orientações acima, pois elas elevam a eficiência das reuniões realizadas on-line. Utilize um bom software de transmissão e procure repassar todo o conteúdo de forma clara e coesa para que as propostas sejam alcançadas nesse ambiente interativo.

1.4 Palavras finais

Compreendemos que a evolução da humanidade no mundo físico e virtual colaborou, também, para a transformação das regras de disseminação de serviços, produtos e relacionamentos no ambiente digital. Compartilhamos informações nas redes sociais, nos serviços de e-mails ou na troca de arquivos, de maneira que a abordagem se realiza a partir de regras de conduta mediadas pela etiqueta digital.

As preocupações relacionadas à etiqueta no campo virtual integram o campo de necessidades para que o relacionamento humano seja norteado pelo respeito, pela empatia e pela civilidade.

Portanto, é indispensável que as pessoas adotem como propósito os cuidados minimamente necessários com seus interlocutores, nas mais diversificadas tratativas, bem como que sejam corteses, bem-educadas e sociáveis e tenham sempre uma atitude positiva, agradável e natural.

Referências

BISCALCHIN, A. C. S.; ALMEIDA, M. A. Apropriações sociais da tecnologia: ética e netiqueta no universo da infocomunicação. **Revista de Ciência da Informação e Documentação**, Ribeirão Preto, v. 2, n. 1, p. 193-207, 2011. Disponível em: http://www.revistas.usp.br/incid/article/view/42341/46012. Acesso em: 20 set. 2022.

BRITO, L. P. L. **Netiqueta e Educação**: a importância da netiqueta nos espaços virtuais. 2012. Monografia (Graduação de Licenciatura em Computação) – Centro de Ciências e Tecnologia, Universidade Estadual da Paraíba, Campina Grande, 2012. Disponível em: http://dspace.bc.uepb.edu.br/jspui/bitstream/123456789/565/1/PDF%20-%20Lu%C3%ADs%20Paulo%20Lima%20de%20Brito.pdf. Acesso em: 8 ago. 2022.

HAMZE, A. Internetês. **Canal do Educador**, Goiânia, [c2022]. Disponível em: http://educador.brasilescola.uol.com.br/trabalho-docente/internetes.htm. Acesso em: 7 out. 2022.

MINICUCCI, A. **Relações humanas**: psicologia das relações interpessoais. 6. ed. São Paulo: Atlas, 2001.

SQUARISI, D. **Como escrever na internet**. São Paulo: Contexto, 2014.

CAPÍTULO 2

Comunicação organizacional

Gleidis Roberta Guerra[2]

2.1 Introdução

O presente capítulo trará uma exposição sobre temas de suma importância quando se trata da comunicação que a empresa estabelece com seu público interno e externo. Essa estratégia é fundamental para estimular o diálogo entre lideranças e funcionários, além de transmitir informações sobre normas, processos, procedimentos, desempenhos etc.

Silva (2022) afirma que uma boa comunicação dentro da empresa é imprescindível para que seja assegurada a integração e a produtividade dela. Além disso, é uma vantagem competitiva, visto que auxilia o desenvolvimento dos negócios e a ampliação dos seus ativos.

Segundo Kunsch (2018, p. 14):

> O poder que a comunicação, nas suas mais variadas vertentes e tipologia, bem como os meios massivos e

[2] Doutoranda em Distúrbios da Comunicação Humana na Universidade Federal de São Paulo (Unifesp). Mestrado em Distúrbios da Comunicação Humana (Fonoaudiologia) pela Universidade Federal de São Paulo (Unifesp). Coordenadora do NAPE – CUSC/SP. Professora do CUSC/SP.

> as mídias sociais da era digital, exercem na sociedade contemporânea é uma realidade incontestável.

A autora destaca ainda a importância da comunicação como um processo social básico e como um fenômeno de importância além da mera transmissão de informações.

Por causa da relevância dada à comunicação nos últimos anos, os estudos sobre o tema no Brasil cresceram consideravelmente. Bueno (2014) destaca diversos estudos na área, bem como grupos de pesquisa, associações e grupos de trabalho voltados para essa temática.

Historicamente, embora o aumento do interesse pelo tema seja atual, já nas décadas de 1920 e 1950, nos Estados Unidos, havia pesquisas destinadas a debater a comunicação empresarial, e, após a década de 1970, elas aparecem com grande influência da escola de relações humanas (PUTNAM; PHILIPS; CHAPMAN, 2004).

Para os autores:

> Destacavam-se, principalmente, as práticas de uma comunicação que partia do alto escalão gerencial, a precisão de relatórios e eficiência dos diferentes meios de comunicação (PUTNAM; PHILIPS; CHAPMAN, 2004, p. 75).

Na década de 1980, mais uma vez o olhar é modificado, e o tema passa a ser tratado com fortes marcas do funcionalismo:

> A teoria crítica e a pesquisa interpretativo-crítica passam a ser usadas por muitos estudiosos, apresentando assim novas possibilidades de pensar e trabalhar a comunicação organizacional (LIMA; ABBUD, 2015, p. 2).

As autoras afirmam que, na Europa, os estudos iniciaram com foco na mídia, sendo tratada, então, como a comunicação das organizações. Já no Brasil, pode ser observado o interesse a partir do jornalismo empresarial, com a primeira publicação na área em 1925.

Mas o que levou a esse interesse e a essa busca de estudos sobre o jornalismo empresarial e a comunicação organizacional? Kunsch (1997, p. 55) destaca as principais mudanças no cenário mundial que contribuíram para o tema, sendo:

> a) a automação proporcionada pelo progresso das indústrias que modificou as relações entre empregadores e empregados; b) divisão do trabalho e maior especialização em função da criação de unidades separadas na estrutura organizacional; c) êxodo de pessoas do campo para a cidade para trabalhar como operários nas indústrias; d) as facilidades características ao regime de produção de massa cria um cenário de competição entre as organizações, exigindo maior esforço para promover seus produtos e serviços; e) o crescimento tecnológico proporcionou o barateamento dos processos de editoração e impressão, facilitando a produção de publicações; f) o desenvolvimento dos meios de

> comunicação de massa e das indústrias influenciou o comportamento das empresas que viram a necessidade de dar informações aos públicos; g) a conscientização do operariado, fazendo despontar a imprensa sindical, instigando assim o aparecimento da comunicação empresarial como forma de reagir à nova realidade.

É então nesse contexto, segundo a autora, que as empresas se veem obrigadas a criar novas formas de comunicação, para assim poderem lidar com o seu público e com publicações inicialmente dirigidas aos seus colaboradores e ao público externo, principalmente quando estas são voltadas à apresentação de novos produtos.

Já no período entre 1990 e 2000, segundo Oliveira (2002), os estudos passaram a ter novos métodos e percepções teóricas. Não era mais suficiente apenas informar, havia uma preocupação de que a comunicação também estivesse em harmonia com os propósitos da empresa:

> A comunicação ganha notoriedade, pela sua função de conhecer, analisar e direcionar esses fluxos informacionais para o objetivo geral da organização, dando um sentido estratégico à prática comunicacional (OLIVEIRA, 2002, p. 2).

Após esse período, a busca por uma comunicação planejada e estratégica, que levasse em conta não apenas os interesses da organização, mas também com base nos interesses públicos, torna-se mais evidente, permitindo, assim, a inovação da empresa e a adaptação a novos ambientes.

> Assim, o tema estratégico nas organizações está ligado à efetiva adaptação da organização com seu ambiente, por meio do tempo, entendendo por estratégia a criação e prática dos meios adequados para atingir os resultados desejados, melhorando a capacidade total de planejamento e organização para que possa adaptar-se ou inovar com sucesso aos tempos (MARCHIORI, 2011, p. 164).

Kunsch (2018) nos coloca que, atualmente, as empresas de diversos tipos sabem que sua comunicação e seu relacionamento têm que ocorrer para além do público-alvo. As organizações começam a se conscientizar dos próprios compromissos e das próprias responsabilidades como integrantes do sistema social e constataram que, para que isso aconteça, precisam se posicionar através de ações comunicativas, que devem ser planejadas e estratégicas.

> A comunicação clássica, instrumental, exclusivamente técnica e operacional não atende mais às demandas das organizações no novo ambiente socioeconômico e político. Responsabilidade social pública, preservação do planeta por meio de um desenvolvimento sustentável, respeito à diversidade, transparência, ética, valores intangíveis etc. são imperativos que norteiam os comportamentos institucionais e, consequentemente, exigirão uma comunicação organizacional muito mais proativa e estratégica (KUNSCH, 2018, p. 16-17).

Silva (2022) aponta que, para processos comunicativos eficientes, também é necessário levar em consideração algumas características da empresa, que envolvem o ambiente, o clima organizacional e ainda a constituição de equipes e a maneira como elas se organizam para o trabalho. Assim, veremos detalhadamente essas características a seguir.

2.2 Ambiente organizacional

Pode-se dizer que o ambiente organizacional é formado por quatro dimensões, a saber: ambiente, organização, grupo e indivíduo. São essas dimensões que irão definir a estrutura da empresa (SILVA, 2022).

Ainda para o autor, para um efetivo gerenciamento da organização empresarial, os gestores precisam compreender esse ambiente de maneira adequada, tendo a visão ampliada de que ele é composto por ambiente interno e externo, que agregarão fatores tangíveis e intangíveis.

Os fatores tangíveis, na perspectiva do ambiente interno, se referem às instalações físicas, às tecnologias e ao know-how. Já os fatores intangíveis são aqueles que envolvem a dinâmica e a cultura organizacional, bem como o processamento das informações, a comunicação que se estabelece e a capacidade de gestão (SILVA, 2022).

No mundo corporativo, é consenso que a cultura organizacional é fundamental para a estrutura e estratégia desenvolvida pela empresa. Mas o que é então cultura organizacional?

Podemos afirmar que a cultura organizacional é um conjunto de hábitos, práticas, diretrizes e princípios de uma organização. Esta deve estar alinhada com a cultura de seus colaboradores e envolve a visão, os valores e os comportamentos aplicados em todas as áreas da empresa.

Chiavenato (2002) afirma que a cultura organizacional tem ainda um papel importante na motivação dos colaboradores da empresa. Para o autor, a organização precisa investir em seu público interno para obter bons resultados no mercado, e, nesse sentido, uma cultura organizacional forte é uma estratégia fundamental para que o colaborador se sinta parte do grupo.

A plataforma Sólides, empresa especialista em gestão de pessoas, traz algumas informações importantes que podem ser agregadas ao nosso conhecimento quando se trata de cultura organizacional. Para eles, a cultura organizacional é o DNA da empresa, ou seja, é exclusiva, e cada instituição deve desenvolver a sua (SÓLIDES, 2022).

Quando um colaborador chega à empresa, essa cultura deve ser transmitida para que ele se adapte aos comportamentos, valores e normas praticados. Porém, é importante que haja uma identificação entre colaborador e empresa nesse sentido, senão o funcionário não conseguirá se sentir parte do todo. "A cultura organizacional funciona como um espelho, e a empresa precisa ver-se refletida nele" (SÓLIDES, 2022, n.p.).

Para além do ambiente interno, a estrutura organizacional deve também lidar com o seu ambiente externo. Cunha (2015) afirma que o ambiente externo está relacionado ao contexto em que as empresas atuam e é composto por elementos que estão fora dos limites da organização. Também conhecido como macroambiente, envolve fatores políticos, sociais, econômicos e tecnológicos que influenciam diretamente a atuação da empresa em diversos aspectos. Vamos ver um pouco mais sobre cada um desses fatores, segundo Tomanini (2022):

- Dimensão econômica: refere-se ao momento econômico pelo qual o sistema passa e envolve a inflação, a taxa de juros e o índice de desemprego.
- Dimensão política: diretamente associada às leis governamentais e ao relacionamento entre o governo e as empresas. Pode determinar uma situação favorável ou não para os negócios.
- Dimensão social: características da sociedade e do entorno em que a empresa opera. Indica quais são os tipos de produtos, valores e padrões de conduta que a população valoriza.
- Dimensão tecnológica: envolve decisões de investimento em novas tecnologias e se refere aos métodos disponíveis para converter recursos em produtos ou serviços.

2.3 Clima organizacional

Segundo Tomanini (2022), o clima organizacional de uma empresa se refere à percepção que o colaborador tem em relação ao local onde trabalha:

> É um conjunto de características únicas que são percebidas pelos funcionários sobre suas organizações, o que serve como uma importante força para influenciar seu comportamento (TOMANINI, 2022, n. p.).

É a partir dessas percepções que se pode medir a qualidade do ambiente de trabalho e, juntamente a isso, o índice de satisfação dos colaboradores. "As diversificadas experiências dos colaboradores propiciam a construção de uma impressão favorável ou não ao clima organizacional compartilhado" (SILVA, 2022, p. 14).

Ainda para o autor, diversos fatores influenciam o clima organizacional, sendo eles: política de gestão de pessoas, relacionamentos interpessoais, valores e cultura organizacional, estrutura, sistemas e processos.

A organização é composta por pessoas que têm diferentes interesses, visões de mundo e posturas profissionais e pessoais. Assim, pode não haver um consenso em relação ao clima organizacional da empresa, visto que as percepções podem ser distintas. De qualquer maneira, é imprescindível que se colabore para um ambiente favorável à produtividade e à organização institucional, diminuindo, assim, a rotatividade dos colaboradores e promovendo um maior engajamento das equipes (SILVA, 2022).

Tomanini (2022) cita alguns fatores que podem influenciar o clima organizacional:

- Estrutura organizacional: refere-se às percepções dos colaboradores em relação às normas, aos regulamentos, às burocracias da empresa.
- Responsabilidade individual: sentimento de autonomia do colaborador, que pode organizar o seu trabalho de maneira mais pessoal e efetiva.
- Sistema de recompensas: o colaborador necessita ter confiança de que seu trabalho será recompensado de maneira justa e apropriada.

- Apoio: sentimento de companheirismo no ambiente de trabalho.

Para o autor, o clima organizacional reflete a satisfação do colaborador com a empresa, e esse sentimento está diretamente relacionado com a sua produtividade e o seu desempenho, o que pode impactar positiva ou negativamente o sucesso da empresa.

Assim como é com a cultura, o clima organizacional também não é imutável, ou seja, pode ser alterado a partir de mudanças na política, regras e procedimentos da empresa (TOMANINI, 2022). Os gestores devem sempre estar atentos ao nível de satisfação dos funcionários e à qualidade do trabalho apresentado. Para isso ocorrer, são fundamentais as avaliações internas impetradas na empresa.

2.4 Constituição de equipes e organização do trabalho

Além de todos os aspectos já citados, o sucesso corporativo também está diretamente relacionado com a composição das equipes de trabalho.

> Equipes de alto desempenho são formadas por colaboradores que organizam um trabalho dedicado e comprometido, com a finalidade de alcançar resultados que apresentam qualidade superior à esperada (SILVA, 2022, p. 14).

Segundo Kozlowski e Klein (2000), a estrutura organizacional pode ser dividida em diferentes níveis, denominados de macro, meso e micro. O nível macro refere-se às características gerais da organização e envolve os temas já abordados neste capítulo, ou seja, a política de gestão de pessoas e a cultura e o clima organizacionais. O nível micro diz respeito às pessoas, considerado o menor elemento da organização, no qual são vistos os traços de personalidade, as crenças e as atitudes de cada colaborador.

Ainda para os autores, o nível meso, que passou a ser estudado apenas em décadas recentes, diz respeito às equipes de trabalho, que, embora tenham se tornado tema de pesquisas e estudos, ainda não contam com ferramentas que possam validar avaliações psicométricas que atendam às especificidades necessárias para esse nível.

> As equipes de trabalho constituem ferramentas de gestão que podem contribuir à efetividade organizacional. Porém, ainda restam muitas questões sem resposta no que diz respeito às particularidades do seu funcionamento e desempenho, logo, essas contribuições ainda não têm sido empiricamente sustentadas, embora pareçam intuitivamente corretas (PUENTE-PALACIOS; BORBA, 2009, p. 370).

Uma equipe de trabalho, segundo Marques (2019), é formada por um grupo de pessoas que têm um objetivo em comum e que a partir disso vão desempenhar suas funções, interagindo com toda a empresa. A soma de conhecimentos é a garantia de bons resultados.

Objetivos claros e bem-definidos são também fundamentais para o estímulo ao trabalho e para a unificação dos interesses. Também é importante a definição de metas mensuráveis, para que se mantenha a aliança entre os colaboradores. Essa medida funcionará ainda como um recurso motivacional (SILVA, 2022).

Puentes-Palacio e Borba (2009, p. 371) destacam que uma equipe deve ser caracterizada "pela complementaridade das habilidades dos seus membros, experiências de trabalho coletivas, responsabilidade compartilhada, tanto na execução das tarefas como no alcance das metas". Afirmam ainda que o trabalho em equipe pressupõe trocas sociais intensas, pois, para o cumprimento dos objetivos, é necessária a participação de todos.

Hackman (1987, p. X) afirma que equipes de trabalho malformadas podem prejudicar o desempenho da organização. Para o autor, essas equipes são as que "desperdiçam tempo e energia de seus membros ao invés de utilizá-los de forma adequada, bem como aplicar normas que diminuam o seu desempenho ao invés de aprimorá-lo".

O autor enfatiza também a necessidade de os gestores organizacionais terem uma utilização planejada das equipes, embora não haja ainda conhecimento científico consolidado nessa área. Na realidade brasileira, há um número ainda menor de estudos que se referem ao trabalho das equipes nas organizações.

Uma equipe bem-formada que realiza o seu trabalho de maneira eficaz torna os processos da empresa mais ágeis e eficientes, otimizando o tempo, cumprindo metas e objetivos e garantindo um bom relacionamento interpessoal como rotina (MARQUES, 2019).

O autor relata que a habilidade de trabalhar em equipe é um requisito valorizado em uma organização, pois pessoas que apresentam tal habilidade agregam possibilidade de crescimento pessoal e de desenvolvimento coletivo e empresarial. "Um trabalho de excelência dentro de uma empresa só é possível através da união dos esforços de cada um, que permite que o sucesso individual e coletivo seja alcançado, efetivamente e na prática" (MARQUES, 2019, n. p.).

Silva (2022) elenca alguns fatores importantes para o bom trabalho da equipe, a saber:

- Compreensão da cultura organizacional: conhecer os valores, a missão e a visão da empresa auxiliará na constituição de equipes que estejam em harmonia com a organização.
- Clareza na definição de papéis: consiste em conhecer a equipe e atribuir a cada colaborador funções de acordo com sua *expertise*.
- Mapeamento das competências: é importante identificar as competências necessárias para os processos e os procedimentos a serem realizados, pois assim será possível maximizar forças para melhor desempenho.
- Seleção criteriosa e preparação da liderança: os líderes devem estar aptos a conduzir a equipe, reforçando um ambiente de confiança e liberdade.
- Minimização de hierarquias: trata-se de oferecer autonomia com apoio; o líder deve orientar o desenvolvimento do trabalho, motivando sua equipe.
- Valorização de equipes multidisciplinares: a diversidade de competências dentro da equipe enriquece e leva a empresa a alcançar uma melhor performance.
- Encorajamento da participação e da comunicação: a comunicação clara é fundamental para um bom

desempenho da equipe, para o intercâmbio de informações e de conhecimento. Além disso, leva à construção de estratégias sólidas e eficazes. O reconhecimento dos esforços coletivos também é importante para a motivação da equipe.

Marques (2019) salienta a importância de os líderes entenderem suas equipes, seu funcionamento e as particularidades de cada colaborador, para assim transformarem os negócios e conduzirem a empresa a patamares cada vez mais elevados em sua área de atuação. Para o autor, trabalhar em equipe "significa que diferentes perfis de colaboradores terão que conviver durante horas seguidas. Para que tal rotina não afete negativamente os processos da empresa, é preciso que a convivência entre todos seja marcada por respeito e valorização" (MARQUES, 2019, n. p.).

Finalmente, cabe apontar que todos os aspectos levantados neste capítulo são a base para que a empresa tenha uma boa comunicação com seu público interno e externo, cuidando da sua cultura organizacional e propiciando um ambiente de trabalho favorável ao bom desempenho de seus colaboradores.

Referências

BUENO, W. C. A investigação em Comunicação Organizacional no Brasil: uma leitura abrangente dos grupos de pesquisa cadastrados no CNPq. **Comunicação & Inovação**, São Caetano do Sul, v. 15, n. 28, p. 32-40, 2014. Disponível em: https://seer.uscs.edu.br/index.php/revista_comunicacao_inovacao/article/view/2388. Acesso em: 6 nov. 2022.

CHIAVENATO, I. **Recursos humanos**. Edição compacta. 7.ed. São Paulo: Atlas, 2002.

CUNHA, C. R. **Análise dos meio de comunicação interna do colégio Dom Pedro II: abordagem estratégica na gestão de pessoas.** Dissertação de Mestrado. Universidade Federal Fluminense, 2017.

HACKMAN, J. The design of work teams. *In:* LORSCH, J. (ed.). **Handbook of Organizational Behavior**. New York: Prentice Hall, 1987. p. 315-370.

KOZLOWSKI, S. W. J.; KLEIN, K. J. A multilevel approach to theory and research in organizations: Contextual, temporal, and emergent processes. *In*: KLEIN, K. J.; KOZLOWSKI, S. W. J. (eds.). **Multilevel theory, research, and methods in organization: Foundations, extensions, and new directions**. San Francisco: Jossey-Bass, 2000. p. 3-90.

KUNSCH, M. M. K. **Relações públicas e modernidade**: novos paradigmasna comunicação organizacional. São Paulo: Summus, 1997.

KUNSCH, M. M. K. A comunicação estratégica nas organizações contemporâneas. **Media & Jornalismo**, Coimbra, v. 18, n.

33, n. 2, p. 13-24, 2018. Disponível em: https://digitalis-dsp.uc.pt/bitstream/10316.2/44394/1/A_comunicacao_estrategica_nas_organizacoes.pdf. Acesso em: 6 nov. 2022.

LIMA, M. D. C.; ABBUD, M. E. O. P. Comunicação organizacional: histórico, conceitos e dimensões. *In*: INTERCOM — Sociedade Brasileira de Estudos Disciplinares da Comunicação. XIV Congresso de Ciências da Comunicação na Região Norte, 2015, Manaus. **Anais...** Manaus: Intercom, 2015. Disponível em: https://www.portalintercom.org.br/anais/norte2015/resumos/R44-0415-1.pdf. Acesso em: 6 nov. 2022.

MARCHIORI, M. **Cultura e Comunicação Organizacional**: um olhar estratégico sobre as organizações. 2. ed. São Caetano: Difusão Editora, 2011.

MARQUES, J. R. Conheça os 6 tipos de equipes de trabalho mais comum. **Instituto Brasileiro de Coaching**, Goiânia, [2019?]. Disponível em: ibccoaching.com.br/portal/conheca-os-6-tipos-de-equipes-de-trabalho-mais-comuns/. Acesso em: 6 nov. 2022.

OLIVEIRA, I. L. **Dimensão estratégica da comunicação no contexto organizacional contemporâneo**: um paradigma de interação comunicacional dialógica. 2002. Tese (Doutorado em Comunicação)–Escola de Comunicação, Universidade Federal de Rio de Janeiro, Rio de Janeiro, 2002.

PUENTE-PALACIOS, K.; BORBA, A. C. P. Equipes de trabalho: fundamentos teóricos e metodológicos da mensuração de seus atributos.**Avaliação Psicológica**, Porto Alegre, v. 8, n. 3, p. 369-379, 2009. Disponível em: http://pepsic.bvsalud.org/scielo.php?script=sci_arttext&pid=S1677-04712009000300009&lng=pt&nrm=iso. Acesso em: 6 nov. 2022.

PUTNAM, L.; PHILLIPS, N.; CHAPMAN, P. Metáforas da comunicação organizacional. *In*: CLEGG, S. R.; HARDY, C.; NORD, W. R. (orgs.). ***Handbook* de estudos organizacionais**. Ação e análise organizacionais. São Paulo: Atlas, 2004. p. X-X.

SILVA, Rodrigo Leite da. **Linguagem, comunicação e produção de textos**. Centro Universitário São Camilo, 2022.

SÓLIDES. Conheça 13 exemplos de cultura organizacional para inspirar ou evitar na sua empresa. **Blog Sólides**, Belo Horizonte, 29 setembro 2022. Disponível em: https://blog.solides.com.br/exemplos-de-cultura-organizacional/. Acesso em: 6 nov. 2022.

TOMANINI, C. Ambiente Organizacional. **Blog do Cláudio Tomanini**, São Paulo, 21 fevereiro [2022?]. Disponível em: https://www.tomanini.com.br/ambiente-organizacional/. Acesso em: 6 nov. 2022.

CAPÍTULO 3

Construção e diferentes projeções da imagem profissional

Rodrigo Leite da Silva[3]

3.1 Introdução

A imagem profissional agrupa um conjunto de atributos que traduzem suas competências e suas respectivas características pessoais. É resultado da construção de uma imagem positiva, na qual seja possível capturar as *expertises* profissionais e gerar boa impressão em sua área de atuação.

Nesse sentido, faz-se indispensável que sejam identificadas, em sua imagem profissional, as habilidades técnicas exigidas pela sua especialidade profissional, assim como a capacidade de uma boa comunicação, a flexibilidade e a adaptação diante

[3] Doutor em Língua Portuguesa pela PUC/SP e professor no Centro Universitário São Camilo (CUSC) das disciplinas de Linguagem, Comunicação e Produção de Textos; Multiculturalismo, Diversidade e Direitos Humanos; Saúde, Sociedade e Tecnologia. Membro do Conselho de Pesquisa (CPQ) do CUSC/SP.

das aceleradas mudanças promovidas pelas necessidades do mercado, além de bom relacionamento interpessoal, inteligência emocional, trabalho em equipe e capacidade de inovação.

Ao percorrer este capítulo, será possível observar orientações produtivas sobre os aspectos positivos para a construção da sua imagem profissional, verificando a melhor forma de organizar um currículo (seja digital, seja em vídeo), assim como diferentes abordagens sobre as entrevistas profissionais, as principais competências exigidas para esse momento e as maneiras de construir imagens positivas em redes sociais, no âmbito da profissionalidade.

3.2 Organização do currículo e portfólio profissional

O currículo é o documento responsável pela breve apresentação da autobiografia, das competências, da personalidade e da história do profissional no mundo do trabalho.

É o método profissionalizado de demonstrar para o mercado sua imagem, suas experiências profissionais (*expertises*), suas vivências, suas formações acadêmico-profissionais. Além disso, é uma ferramenta que contribui para a realização do seu marketing pessoal.

3.3 O que se comunica no currículo?

3.3.1 Currículo impresso ou digital

Nessa modalidade de currículo profissional, é importante destacar os conhecimentos acadêmicos, o modo como você os aplica em situações profissionais (experiências e competências) e a sua postura em relação a comportamento, comunicação e capacidade de integração em equipes.

É considerado um instrumento de persuasão e visa despertar o interesse do selecionador. Dessa maneira, evidencie seu valor para que haja potencial empregador, atentando-se para o perfil da vaga. É fundamental que o candidato crie os filtros necessários, aqueles que se compatibilizem com o perfil solicitado ao cargo, para que o documento seja selecionado e lido pelo recrutador.

Um currículo bem-estruturado assegura a participação em entrevistas e o alcance da vaga pretendida. O material deve apresentar um conteúdo de qualidade, destacando, primeiramente, as competências profissionais desenvolvidas e as informações que interessam aos contratantes.

Há detalhes fundamentais para a organização de um currículo atrativo, como a exposição de detalhes específicos da sua vida profissional. A exposição consiste em apresentar dados que descrevam o nome da empresa, o cargo desempenhado e, principalmente, as funções desempenhadas, as suas responsabilidades e demais informações relevantes que forem verídicas.

A veracidade das informações é um componente indispensável do seu currículo profissional, portanto não caia em armadilhas de dizer que é influente em um idioma caso não seja, por exemplo, pois, durante o processo seletivo, é possível que a empresa teste o conhecimento descrito.

Veja o modelo:

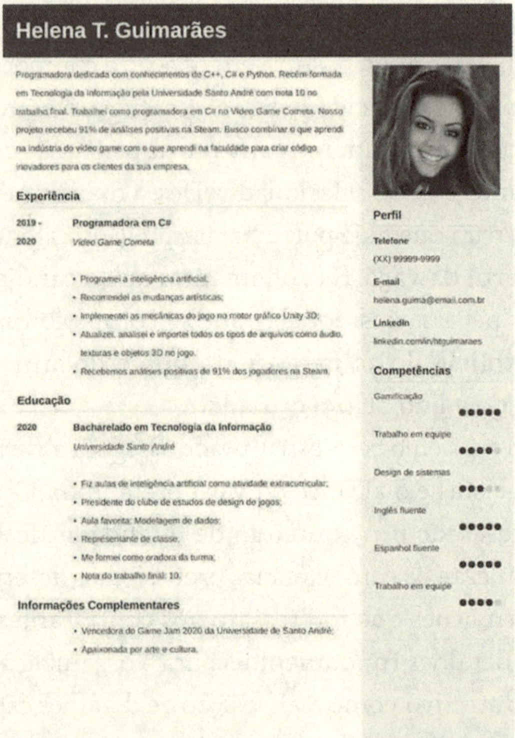

Helena T. Guimarães

Programadora dedicada com conhecimentos de C++, C# e Python. Recém formada em Tecnologia da Informação pela Universidade Santo André com nota 10 no trabalho final. Trabalhei como programadora em C# no Video Game Cometa. Nosso projeto recebeu 91% de análises positivas na Steam. Busco combinar o que aprendi na indústria do vídeo game com o que aprendi na faculdade para criar código inovadores para os clientes da sua empresa.

Experiência

2019 - 2020 **Programadora em C#**
Video Game Cometa

- Programei a inteligência artificial;
- Recomendei as mudanças artísticas;
- Implementei as mecânicas do jogo no motor gráfico Unity 3D;
- Atualizei, analisei e importei todos os tipos de arquivos como áudio, texturas e objetos 3D no jogo.
- Recebemos análises positivas de 91% dos jogadores na Steam.

Educação

2020 **Bacharelado em Tecnologia da Informação**
Universidade Santo André

- Fiz aulas de inteligência artificial como atividade extracurricular;
- Presidente do clube de estudos de design de jogos;
- Aula favorita: Modelagem de dados;
- Representante de classe;
- Me formei como oradora da turma;
- Nota do trabalho final: 10.

Informações Complementares

- Vencedora do Game Jam 2020 da Universidade de Santo André;
- Apaixonada por arte e cultura.

Perfil

Telefone
(XX) 99999-9999

E-mail
helena.guima@email.com.br

Linkedin
linkedin.com/in/htguimaraes

Competências

Gamificação ●●●●●
Trabalho em equipe ●●●●
Design de sistemas ●●●
Inglês fluente ●●●●●
Espanhol fluente ●●●●●
Trabalho em equipe ●●●●

Fonte: Disponível em; https://www.onlinecurriculo.com/modelo-de--curriculo-profissional/. Acesso em: 30 out. 2021.

3.3.2 Currículo em vídeo ou videocurrículo

O ambiente digital tem exigido novas práticas, e uma delas é apresentar o currículo em vídeo. É uma novidade que tem conquistado espaço entre recrutadores, selecionadores e contratantes. Nesse espaço, é possível explorar todas as características pessoais e profissionais que o registro escrito não consegue exprimir.

3.3.3 Competências que valorizam o currículo

O destaque das suas competências é um elemento bem marcante na construção do seu currículo. Dessa forma, é importante expô-las, pois esses dados são altamente relevantes para um processo seletivo.

Competências voltadas ao trabalho sob pressão e a adaptações às mudanças aceleradas do mercado profissional são exemplos importantes.

Nesse sentido, a competência é designada como a mobilização de saberes/conhecimentos (conceitos e procedimentos), habilidades (práticas cognitivas e socioemocionais), atitudes e valores para solucionar as exigências complexas da vida em sociedade. É produto do exercício da cidadania e das suas relações com o mundo do trabalho.

Veja algumas competências importantes a serem destacadas em seu currículo profissional.

Comunicação: é importante saber se comunicar durante todo o trabalho desenvolvido em diferentes ambientes profissionais. As organizações empresariais reconhecem pessoas que expressam suas ideias de modo claro e objetivo, contudo é importante lembrar que faz parte do processo comunicativo a capacidade de ouvir e compreender o que é dito.

Foco em resultados: o sentido dessa ação relaciona-se ao empenho de sua energia para a obtenção da meta solicitada. As organizações empresariais reconhecem esse perfil profissional para a obtenção de resultados mais qualitativos.

Liderança: é uma competência importante para todos os integrantes de uma equipe profissional, pois volta-se ao envolvimento e à motivação das pessoas para o alcance das metas organizacionais.

Entusiasmo: essa competência relaciona-se à paixão para a execução das tarefas laborais e ao feedback positivo da empresa, mediante o alcance dos resultados.

"Hands on": competência voltada ao envolvimento de projetos, conforme os desafios propostos, sem que se meçam esforços para a colaboração e para o alcance dos objetivos e propósitos da empresa.

Visão de dono: esse comportamento é desejado pelas organizações empresariais, pois profissionais com tal atitude contribuem para solucionar problemas delicados do cotidiano profissional.

Equilíbrio emocional: as diversificadas situações geradas pelo caos exigem essa habilidade para a manutenção do foco, além de uma organização adequada da produtividade. Isso contribui também para a construção de um clima organizacional amistoso.

Flexibilidade e capacidade de se adaptar a mudanças: a nossa capacidade de adaptação às mudanças maximiza a qualidade do trabalho. As situações adversas nos demonstram a maneira mais apropriada de nos adequarmos ao cenário em que estamos inseridos.

Criatividade: é a competência voltada para o encontro de soluções não convencionais, sendo de muita responsabilidade e relevância nas empresas em geral, para a manutenção da fidelidade dos consumidores aos seus produtos e serviços.

Aprendizado contínuo/formação continuada: a atualização profissional é fundamental para que se desenvolvam novos conhecimentos por meio de cursos, seminários, congressos e livros, por exemplo, pois esses recursos aperfeiçoam os talentos internos no âmbito das necessidades empresariais.

Visão sistêmica ou pensamento crítico: volta-se à capacidade de análise dos diferentes cenários com o objetivo de obter soluções que auxiliam as empresas na superação dos desafios, principalmente em ambientes adversos.

Resiliência profissional: essa competência está relacionada à manutenção da produtividade em ambientes de alta pressão, tensão e instabilidade, a fim de manter ou maximizar os resultados.

Trabalho em equipe e colaboração: exige flexibilidade para situações complexas no âmbito da equipe, com vistas à minimização e à resolução dos conflitos internos. É necessário também que todos colaborem para a manutenção do clima organizacional agradável e amistoso.

Capacidade de trabalhar remotamente: as dinâmicas dos escritórios foram modificadas pela pandemia, fazendo com que parte das empresas passasse a trabalhar na modalidade remota. Há uma possibilidade de as dinâmicas de trabalho em equipe serem repensadas nesse âmbito, pois tais ações trouxeram funcionalidades produtivas e econômicas às empresas.

Comprometimento: relaciona-se a profissionais que desenvolvem um trabalho para além das necessidades exigidas no cargo. É importante que superem os objetivos e as necessidades da equipe.

Inovação: relaciona-se à capacidade de geração de novas ideias, a partir da avaliação de riscos, do levantamento de oportunidades e da readequação do trabalho em ambientes de incerteza.

3.4 Entrevista profissional

A entrevista profissional é uma etapa decisiva para a contratação no ambiente corporativo-empresarial. Tudo começa pelo processo de recrutamento externo, pois nesse momento são disponibilizadas as vagas ao mercado. A partir daí, são recebidos os currículos. Selecionam-se os arquivos conforme o perfil idealizado para o cargo, e, consequentemente, os candidatos são recrutados. O próximo passo é a realização da seleção por meio de técnicas e testes comportamentais.

Nesse sentido, constatamos que a exigência dos recrutadores reflete a variedade de métodos e técnicas mais aprimorados para que ocorra a escolha do candidato ideal à vaga. A preocupação do candidato deve ser em relação à própria imagem, às respostas das perguntas, aos gestos corporais e à compreensão prévia dos diferentes tipos de entrevista profissional.

Há duas maneiras de se realizar a entrevista profissional: entrevista tradicional e entrevista comportamental por competência.

A tradicional é individual, e o selecionador constrói um roteiro a partir de circunstâncias relacionadas ao cargo e à cultura da organização.

A comportamental por competência vem se estabelecendo como prática contemporânea para dar sequência ao processo seletivo. Essa técnica consiste na identificação de competências que dialogam com as frequentes transformações do ambiente empresarial, indo ao encontro de mais vantagens competitivas no mercado. São valorizadas competências que agregam a visão sistêmica e a empreendedora, bem como a capacidade de resolução de problemas, a exemplo de solução de conflitos, compreensão de mudanças, conhecimento e ação, relacionamento interpessoal e comunicação (ARAÚJO, 2012).

> A empresa que adotou a seleção por competência naturalmente vai adaptar esta metodologia ao modelo de gestão que implementou. Pode ser usada também para qualquer cargo, do operacional ao executivo, com decisões e planos estratégicos para cada cargo. A competência comunicação interpessoal, por exemplo, está sendo investigada através da entrevista comportamental. Então faremos perguntas abertas específicas com foco nesta competência, para observar sua presença ou ausência no repertório comportamental do candidato. "Conte-me sobre uma situação onde você teve um problema de relacionamento com sua equipe de trabalho ou com um cliente interno e o que você fez?". "Relate uma situação onde você teve que administrar uma incompatibilidade muito séria com sua liderança, como foi?". "Fale-me de situações onde você foi muito elogiado pela sua espontaneidade e facilidade de comunicação"? Ou ainda: "Conte a maior dificuldade que já administrou na comunicação com um cliente difícil".

> O que há de comum em todas estas perguntas é que são perguntas abertas específicas com verbos de ação no passado, são perguntas situacionais que investigam uma competência específica na experiência passada do candidato (ARAÚJO, 2012, p. 29).

Ao utilizar referida técnica (entrevista por competência), é possível identificar de modo analítico como os objetivos profissionais do candidato se sincronizam aos objetivos institucionais da organização empresarial.

3.4.1 Objetivos da empresa e objetivos do candidato

Os processos de recrutamento e seleção se responsabilizam pela organização de equipes de alto desempenho. Equipes dessa natureza transformam e elevam a posição da organização empresarial no mercado em que se insere, pois superam as metas e geram, com isso, resultados favoráveis.

Compreende-se, portanto, que contratações equivocadas resultam num grande volume de transtornos e prejuízos para a empresa; o aumento do índice de *turnover* (rotatividade) é um exemplo disso.

O objetivo do processo de recrutamento e seleção é identificar o alinhamento dos objetivos do candidato aos objetivos empresariais, a partir das seguintes atitudes:

3.4.1.1 Engajamento à cultura organizacional

É importante que o candidato tenha valores compatíveis com os difundidos na instituição. A aderência aos valores similares assegura a construção de um duradouro relacionamento entre as partes.

O engajamento à cultura organizacional também é conhecido como *fit cultural*, pois ambos (empresa e colaborador) estão conectados a partir de valores comuns, e o resultado será sempre positivo à organização empresarial.

3.4.1.2 Organização de equipes de alto desempenho

Durante o processo seletivo, busca-se visualizar também o alinhamento do candidato com a equipe, para que sua contratação esteja sintonizada com a sinergia dos demais colaboradores. Assim, o candidato deve demonstrar que possui um nível de competência compatível ou complementar aos dos outros membros da equipe.

3.4.1.3 Eliminação ou redução do índice de turnover

O *turnover* é o índice responsável pela apresentação do nível de rotatividade de profissionais. Ele mensura os prejuízos organizacionais. Assim, esse indicativo evidencia o planejamento de novas ações no escopo do processo de reorganização da formação de equipes.

3.4.1.4 Melhoria no clima organizacional

Finalmente, é necessário observar o clima de trabalho. No momento que um profissional adequado é contratado, a possibilidade de se reduzir o número de conflitos interpessoais é evidente, pois ele consegue se adaptar sem dificuldades à nova equipe de trabalho.

O clima organizacional influencia os colaboradores e é influenciado por eles. Quando há um clima agradável e amistoso, consequentemente o trabalho é feito com satisfação pelos envolvidos no ambiente de trabalho.

3.4.1.5 Imagem profissional e projeções nas redes sociais

Chamamos de imagem profissional o conjunto de qualidades que retratam os conhecimentos sobre as nossas competências nos campos profissional e pessoal.

> Durante todo o tempo, emitimos sinais de quem somos por meio do comportamento, dos símbolos pessoais, da aparência, das interações pessoais. Interagimos de 15 a 20 horas por dia com colegas de empresa, os amigos, os familiares, os vizinhos. Isso é poderoso quando se trata de trabalhar a imagem (BENDER, 2017, p. 61).

Existem vários fatores que influenciam a construção da nossa imagem profissional, tais como:

Aparência: relaciona-se ao modo como o profissional se apresenta, desde a indumentária (vestimenta) até o modo como se comunica e estabelece as interações com seus públicos de interesse.

Reputação: volta-se à credibilidade do profissional diante do mercado de trabalho.

Conhecimento: refere-se às competências técnicas e socioemocionais, bem como às experiências e à familiaridade com as dinâmicas que organizam os mercados e os influenciam a adotarem mudanças.

Postura: está associada à maneira com que se estabelecem suas interações, ou seja, às formas de tratamento adotadas diante dos colaboradores que integram a empresa. A adoção de atitudes baseadas na cortesia é muito bem-vinda.

Mentalidade: é a maneira utilizada para comunicar aos outros como você enxerga o mundo. Características como proatividade e habilidades para solução de problemas são exemplos interessantes (CODA, 2016).

Naturalmente, as competências técnicas são muito salutares no mundo trabalho, entretanto os aspectos comportamentais definem uma concepção inicial da sua imagem profissional. A maneira de se vestir e de interagir com as pessoas vai descrever o nível de profissionalismo, de dedicação, de segurança e de bom convívio coletivo.

3.5 Palavras finais

As redes sociais adquirem uma importância valorativa quando se trata de construção da imagem profissional. Em função do fato de o Brasil ser considerado o segundo país que mais acessa as redes sociais, os recrutadores utilizarão esse espaço para coletar informações sobre os candidatos à vaga de emprego naquela respectiva empresa. Vale lembrar que esse espaço não é apenas dedicado ao entretenimento: ele é também um manancial de informações acerca do comportamento das pessoas que acessam.

Trata-se, então, de fontes de interação profissional e pessoal, e esses canais de comunicação contribuem para a construção da imagem profissional, no âmbito do marketing pessoal.

> Marketing pessoal no seu contexto fortalece o crescimento pessoal e profissional da marca pessoal, sendo necessário ter a consciência de que você é um produto no mercado de trabalho e deve acreditar nisso, visando não ficar estagnado (MASSARI, 2012, p. 123).

Nesse contexto, os empregadores discretamente acompanham as publicações e os compartilhamentos dos seus colaboradores nas redes sociais. Diante dessa atitude, é necessário aumentar o cuidado com as próprias publicações.

As postagens nas mídias exercem influências no cotidiano pessoal e profissional e resultam no processo de construção da imagem profissional do usuário digital.

Não há espaço para circulação de mensagens ofensivas, tampouco para a apresentação de uma escrita repleta de erros ortográficos ou de fotografias comprometedoras e polêmicas, pois isso transmite a ideia de depreciação da sua imagem pública e pode atrapalhar o desempenho do candidato em processos seletivos.

Para quem permanece empregado, não é adequado publicar desabafos sobre fatos que alteraram o cotidiano do ambiente de trabalho, tampouco críticas ofensivas à postura do empregador diante de alguma tomada de decisão ou mesmo dados confidenciais da empresa. Essas atitudes podem gerar advertências formais ou desligamentos e, posteriormente, prejudicarão sua reputação. O uso do bom senso, portanto, se torna fundamental na hora de fazer publicações e comentários, em especial no campo virtual.

Apesar de todas as armadilhas geradas pelas redes sociais, estas podem funcionar como ferramentas para a construção e a manutenção de uma excelente imagem profissional, no que se refere ao aumento de rede de contatos, assim como à obtenção de uma recolocação no mercado profissional. Nesse sentido, destaque suas competências e procure tornar claras suas qualidades e seus valores sociais e morais.

Quais são as orientações iniciais para que sejam evidenciadas suas competências e, assim, seja construída uma imagem positiva nas redes sociais?

Tudo começa com a **preservação da sua intimidade**, pois, ao tratar desse aspecto, compreendemos que determinadas publicações não deveriam fazer parte das suas redes sociais, por terem um caráter íntimo e restrito. Determinadas fotografias, compartilhamentos ou comentários causam impactos negativos, interpretações equivocadas e conclusões precipitadas acerca da sua imagem.

Normalmente, as redes sociais apresentam opções de privacidade para que o conteúdo de suas mensagens ou fotografias seja restrito a um grupo selecionado. Ainda que haja esse recurso, a sua publicação pode ser curtida ou compartilhada, o que resultará em novas visualizações. Portanto, a manutenção do bom senso é o que tem a prerrogativa de sempre preservar sua imagem

Não se deixe levar por **debates inúteis**, pois a apresentação de suas opiniões deve ser realizada de modo inteligente e sempre aceitando o ponto de vista do outro, mesmo que divergente. Isso significa maturidade e uma oportunidade de expor a sua capacidade argumentativa perante o empregador. Além disso, o ambiente virtual exige uma postura neutra em relação a assuntos considerados polêmicos, como religião, futebol, política e demais preferências entendidas como pessoais. Discussões mais acaloradas podem gerar uma imagem negativa de intolerância. Assim, precisamos usar o bom senso para regular nossa exposição em redes sociais.

As **publicações devem manter coerência**, ou seja, é preciso entender que o seu compartilhamento, as suas curtidas revelam os seus interesses, os seus comportamentos e os modos como você pensa o mundo. Evite publicar conteúdos preconceituosos, ofensivos e muito polêmicos.

Conteúdos preconceituosos ferem as liberdades individuais de grupos diversos que lidam com diferentes estados de violência gerados pelos discursos fundamentados no preconceito. No próximo módulo, aprofundaremos a discussão em torno das diferentes formas de comunicar com o outro, pois trataremos de Comunicação Não Violenta.

Por fim, é indispensável ter **foco profissional**. Nas redes sociais, essa preocupação pode ampliar sua rede de contatos. Dessa forma, procure conversar com pessoas e profissionais que colaboram para a lapidação dos seus conhecimentos. Integre grupos que compartilham interesses profissionais em comum e divulgam eventos e debates técnicos relevantes, por exemplo.

As redes sociais podem ser utilizadas como instrumento de fortalecimento da sua imagem profissional, evidenciando seus progressos e suas conquistas, além de servirem como uma plataforma de divulgação do seu trabalho.

Referências

ARAÚJO, M. C. de. **Recrutamento e seleção com base em competências**. 2012. Monografia (Especialização em Gestão Empresarial)–Universidade Cândido Mendes, Rio de Janeiro, 2012. Disponível em: http://www.avm.edu.br/docpdf/monografias_publicadas/k216277.pdf. Acesso em: 10 nov. 2022.

BENDER, A. **Personal Branding**: construindo sua marca pessoal. São Paulo: Integrare Editora, 2017.

CODA, R. **Competências comportamentais**: como mapear e desenvolver competências pessoais no trabalho. São Paulo: Atlas, 2016.

MASSARI, D. V. L. **Marketing pessoal como diferencial competitivo no mercado de trabalho**. 2012. Monografia (Especialização em Administração) – Universidade Presbiteriana Mackenzie, São Paulo, 2012. Disponível em: https://dspace.mackenzie.br/bitstream/handle/10899/169/Dione%20Vieira%20Lima%20Massari1.pdf?sequence=1&isAllowed=y. Acesso em: 10 nov. 2022.

NOGAMI, V. K. C. **Destruição criativa, inovação disruptiva e economia compartilhada**: uma análise evolucionista e comparativa. São Paulo: Suma de Negócios, 2019.

CAPÍTULO 4

Comunicação, profissionalidade e mídias

Denizart Busto de Fazio[4]

4.1 Comunicação Não Violenta (CNV)

Comunicação Não Violenta é o nome dado a uma forma de compreendermos a comunicação, em âmbito pessoal ou profissional, de maneira compassiva e empática. O grande nome dessa forma de comunicação é Marshall Rosenberg (1934–2015), que a desenvolverá tanto a partir da própria experiência, a complicada infância em Detroit, quanto com os estudos em psicologia social. De maneira mais sistemática, podemos considerar que o desenvolvimento dessa teoria data da década de 1960.

Duas palavras são fundamentais quando falamos em CNV: empatia e compaixão. "Compaixão", palavra de origem latina que traz a ideia de "sofrer com alguém", no sentido de não ser indiferente ao sentimento do outro; "empatia", palavra de origem grega que poderia ser algo como buscar

[4] Mestre em Educação pela Universidade de São Paulo (USP). Professor do Centro Universitário São Camilo (CUSC).

estar "dentro do sentimento do outro", no sentido de que precisamos considerar uma determinada situação a partir da perspectiva do outro. Não ser indiferente ao sentimento das outras pessoas, sejam quais forem suas razões, e buscar tentar compreender o que elas sentem não a partir da minha própria perspectiva, mas da perspectiva dela, são pressupostos comunicativos fundamentais da CNV.

A premissa de Rosenberg é que o ser humano possui um tipo de comunicação mais natural (empática e compassiva) que foi abandonada quando começou a se instaurar uma linguagem de dominação. Historicamente, seria o momento no qual os seres humanos passaram a utilizar a linguagem para dominar e subjugar o outro. Sua intenção com a CNV é buscar essa forma de comunicação mais natural, que funcionaria a partir de ações e de gestos empáticos e compassivos. Se utilizarmos, portanto, uma linguagem não violenta, que não pretende subjugar o outro, e sim que considera o que ele pensa e sente, vamos propor encontros mais humanos entre as pessoas.

Essas formas de comunicações violentas são chamadas por Rosenberg (2021, p. 33) de "formas de comunicação alienantes da vida". Alienantes no sentido de serem modos de se comunicar que ignoram a potência da vida, que produzem formas menos humanizadas de relação e de vida. Rosenberg vai apontar quatro formas de comunicação alienante: os juízos morais (olhar as pessoas de modo dicotômico: certo/errado, inferindo que o erro está sempre no outro), a comparação alheia (fazendo-nos esquecer que cada um tem a própria trajetória de vida), a negação da responsabilidade (quando não percebemos nossa parte de responsabilidade nas trocas comunicacionais) e a comunicação do nosso desejo como exigência (quando queremos que o outro simplesmente cumpra nossa vontade). Essas formas alienantes de comunicação ao mesmo tempo desconsideram as outras pessoas (não são maneiras compassivas e empática) e desconsideram nós mesmos e nossas responsabilidades nas trocas com os outros.

A comunicação não violenta se estabelecerá como forma comunicacional que busca se contrapor a essas formas alienantes da vida, a partir de quatro pilares: observação, sentimento, necessidade e pedido. Vejamos brevemente cada um deles.

Na CNV, é muito importante, primeiramente, **observar sem avaliar**. Isso quer dizer que comumente observamos os outros avaliando. Avaliar o outro significa impor a ele estereótipo (formas generalizantes para identificar uma pessoa), atribuindo a ela alguma característica. Por exemplo: "Essa pessoa é ignorante". Essa sentença é generalizante e indica que é só isso que tal pessoa é. A avaliação, no sentido aqui exposto, ao generalizar algo sobre o indivíduo, tira dele a complexidade e prejudica nossa comunicação. Nas palavras de Rosenberg:

> [...] ao misturarmos observação a avaliação, diminuímos a probabilidade de que os outros ouçam a mensagem que desejamos transmitir-lhes. É mais provável que

> eles a escutem como crítica e, assim, resistam ao que dissemos (ROSENBERG, 2021, p. 46).

Para combater esse espírito generalizante, muito comum em nossas relações, a CNV indica observar sem avaliar. Isso significa olharmos para as pessoas e as relações de forma mais específica, e não generalizante. Vejamos um exemplo comparativo:

Você é ignorante.	Creio que, ao dizer isso sobre a situação do país, talvez você não esteja considerando todos os fatores.

Na primeira sentença, há uma avaliação sobre um sujeito: ele é ignorante. Do ponto de vista de quem ouve essa frase, talvez seja difícil não entendê-la como crítica e interromper a comunicação. Na segunda sentença, há uma observação, mais específica, na qual se diz que talvez o sujeito não esteja considerando todas as visões sobre aquele assunto. Percebem a diferença? Creio que parece razoável dizer que há mais possibilidade de a conversa continuar quando dizemos a segunda sentença em vez da primeira. Outro ponto importante a salientar é que, na primeira, o foco da frase é o outro, ele é o ignorante. Na segunda, o foco é a minha percepção sobre ele: “Creio que…”; assim, o que está em jogo nesta última é justamente a minha visão sobre a opinião dele, e não exatamente o que o outro é.

O segundo fundamento da CNV é **expressar como nos sentimos**. Um dos grandes problemas das comunicações alienantes da vida é que elas desconsideram os sentimentos, tanto os nossos quanto os dos outros. Rosenberg vai enfatizar a importância de encontrarmos um vocabulário de sentimentos que ajude a expressar como nos sentimos. Temos um vocabulário extenso em nossa língua para nomear sentimentos, porém, na prática, no dia a dia, usamos muito pouco esse repertório. Para termos trocas mais empáticas e compassivas com os outros, precisamos enriquecer nosso vocabulário diário de expressão de sentimentos. Vejamos um exemplo:

Você não me valoriza.	Eu me sinto desvalorizado quando você não escuta o que eu digo e me pede para repetir o que acabei de dizer.

Na primeira frase, há um julgamento sobre o outro, generalizante, ao impor a ele a imagem de quem não me valoriza. Já no segundo caso, o foco inicial não é a outra pessoa, e sim eu mesmo. Não sei se posso dizer que o outro intencionalmente não me valoriza, mas posso dizer como me sinto: "Eu me sinto desvalorizado". Contra a generalização da primeira frase, na segunda há uma especificação do que ocorre, ou seja, em que situação concreta eu me sinto desvalorizado. É possível também, tal como vimos no primeiro exemplo, compreendermos que a segunda opção de frase é mais aberta à continuidade de comunicação com o outro do que a primeira.

O terceiro fundamento da CNV é **reconhecer nossas necessidades**. Quando expressamos um sentimento, há nele também a expressão de uma necessidade, algo muito concreto que desejamos que seja atendido. Esse fundamento funciona em par com o anterior. Quando expresso um sentimento, preciso também reconhecer qual é a necessidade que subjaz a ele. Se olharmos novamente para o exemplo anterior, podemos perceber que a expressão do sentimento, "eu me sinto desvalorizado", cumpre a função de indicar que há uma necessidade não expressa, "você não escuta o que eu digo", ou seja, a necessidade de ser ouvido com atenção pelo outro. O reconhecimento das nossas necessidades nos ajuda a tornar bastante específico aquilo de que precisamos, e, dessa maneira, temos maior possibilidade de sermos atendidos.

Por fim, o quarto fundamento da CNV é **pedir aos outros**. Ao expressarmos nossos próprios sentimentos e necessidades e reconhecermos os dos outros também, é preciso encontrar a melhor maneira (a mais compassiva e empática) de pedir para as pessoas atenderem nossa necessidade. Rosenberg vai nos indicar que nosso pedido deve ser feito em linguagem positiva, ou seja, deve ser expresso com aquilo que queremos, e não com o que não queremos. Quando alguém nos pede algo de forma negativa, por exemplo, "não me aborreça", é difícil saber o que devemos fazer exatamente, pois o campo de possibilidades é muito grande. Agora, quando alguém nos pede algo de forma positiva, por exemplo, "por favor, abaixe a música", eu sei exatamente o que tenho que fazer para atender ao pedido da pessoa. Quanto mais positivos e objetivos formos nos pedidos, mais temos a chance de sermos atendidos. Outro aspecto importante é compreender que nossos pedidos nunca devem ser feitos como exigências, pois esta indica uma obrigação que deixa pouco espaço para que o outro compreenda a necessidade da solicitação. É compreendendo a necessidade do pedido que o interlocutor pode atendê-lo porque quer e não porque alguém exige, obriga.

Esses fundamentos comunicacionais—observar sem avaliar, expressar como nos sentimos, reconhecer nossas necessidades e saber pedir aos outros (realizar pedidos positivos e objetivos) — nos ajudam tanto no campo das nossas relações pessoais quanto no ambiente profissional, pois nos informam a respeito de um modo empático e compassivo de nos comunicarmos com os outros, o que permite compreender as relações nas quais estamos envolvidos e, então, atingir objetivos individuais e coletivos.

4.2 Comunicação de notícias falsas e suas consequências em decisões profissionais

O surgimento das redes sociais, parte integrante da nossa vida pessoal e profissional contemporânea, democratizou o acesso às informações, ou, como podemos pensar com Lévy (1999), à universalidade. Sabemos mais a respeito das coisas e do mundo que nos rodeia e em uma velocidade cada vez maior. Essa aceleração da troca de informações também foi se revelando como um terreno fértil para a propagação de notícias falsas ou, como já nos acostumamos a chamar, da veiculação das *Fake news*. *Fake news* são conteúdos que se parecem com notícias jornalísticas, mas são falsos. São conteúdos distorcidos propositadamente para enganar o receptor da informação. Como lemos em Recuero e Gruzd (2019, p. 32), "a *fake news*, assim, não se trata apenas de uma informação pela metade ou mal apurada, mas de uma informação falsa intencionalmente divulgada, para atingir interesses de indivíduos ou grupos".

É claro que a criação e a propagação de notícias falsas não são exclusividades de nossa vivência contemporânea. Há muitos exemplos históricos que nos mostram que, em diversas épocas, tentou-se, com mais ou menos efetividade, disseminar informações falsas no intuito de influenciar pessoas e grupos. Porém, a especificidade contemporânea é que, em virtude da internet, das redes sociais, dos aplicativos de mensagens etc., a circulação de informações aumentou de forma exponencial. Informações chegam até nós com muita rapidez, ao mesmo tempo que nosso prazo de análise, de checagem das informações que recebemos, se torna cada vez mais diminuto. A junção desses dois elementos cria um terreno fértil para a propagação de notícias falsas.

Importante destacar ainda que as *fake news* são difundidas a partir de grupos de usuários que possuem pensamento ideológico semelhante, de modo que as notícias que confirmam aquelas opiniões já aceitas pelo grupo tendem a ser acatadas sem necessidade de confirmação. Muitas vezes o critério de confiança pessoal também é importante, pois tendemos a compreender que a informação repassada por alguém em quem confiamos é confiável também. Como vemos em Sastre & Carvalho (2018, p. 97):

> [...] a identificação do emissor (responsável pelo compartilhamento), que geralmente é uma pessoa do círculo de contatos ou "confiável", intensifica o estímulo do compartilhamento entre os demais contatos, perfis e comunidades virtuais.

Podemos nos perguntar, diante de um mundo no qual a circulação de informações se acelera: como podemos combater as notícias falsas? A Internacional Federation of Library Associations and Institutions criou um guia com pequenas atividades para combater as notícias falsas. Entre elas, podemos destacar algo que aqui nomeamos como "contexto". É fundamental buscar perceber se aquilo que estamos compreendendo como uma notícia de fato o é. Atualmente há inúmeros sites de humor e sátira que imitam jornais com o intuito de entreter. Porém, aqueles que recebem essas peças de humor fora do contexto original podem, muitas vezes, julgar erroneamente que se trata de uma notícia verdadeira. Por isso, é fundamental estar atento ao contexto da mensagem.

A verificação de fonte e autoria também é sempre um bom caminho para investigar se o material que nos chegou é uma notícia falsa. Tente saber quem é o autor do texto e de onde ele veio, se se trata de uma notícia de um veículo conhecido e idôneo, se a informação não foi manipulada, e assim por diante; em alguns casos, pode ser preciso consultar a fonte original para ver se ela coincide com o que chegou até você. Investigar a autoria também é um passo importante, pois é comum que as notícias falsas sejam propagadas em anonimato, ou seja, sem conseguirmos identificar quem escreveu a informação que nos chega. Se não há menção de autoria em uma informação, desconfie e pesquise. Porém, ainda que um texto apresente autoria, é importante investigar e saber quem foi que o escreveu. Ver se a pessoa é especialista no tema que se propõe a informar e se tem conhecimento profundo a respeito daquilo que está escrevendo pode ser uma forma de asseverar a qualidade do material que temos em mãos.

Outra atividade fundamental para o combate das *fake news* é pesquisar mais a respeito daquele assunto de que trata a informação que chegou até você. Desconfie, a princípio, e busque saber mais informações, mais dados, outros pontos de vista sobre o assunto. A democratização da informação pela internet nos permite esse tipo de ação. Atualmente, as agências que verificam as notícias que surgem na internet também oferecem grande contribuição para a diminuição da circulação das notificas falsas. Como nos alerta Zattar (2017, p. 288):

> Ter acesso às fontes de informações é uma tarefa diária e essencial na atualidade. Contudo, não basta que se tenha acesso a qualquer tipo de informação, pois é necessário qualidade, relevância e veracidade nos mais diferentes contextos, de forma que sejam

evitadas desinformações e notícias falsas nas bolhas informacionais em que somos inseridos.

No âmbito profissional, é fundamental pensarmos que a propagação de notícias falsas pode ter consequências graves. Isso ocorre não apenas no âmbito institucional, quando alguma notícia falsa pode prejudicar determinada organização, mas também quando um colaborador, no uso de suas redes, veicula e propaga notícias falsas sem a devida verificação. Como cidadãos e profissionais, precisamos ter sempre em mente que temos grande responsabilidade na veiculação de informações. Checar, pesquisar, investigar aquilo que chega até nós antes de propagar é, sobretudo, um compromisso ético que deve ser sempre observado.

4.3 Mídias (digitais) e ambientes profissionais

As mídias sociais contemporâneas nos apresentam uma mudança na lógica de produção e circulação de informação. Se antes falávamos de uma mídia de massa, na qual havia uma produção centralizada de conteúdo, ou seja, todos acessavam o conteúdo produzido por um lugar específico (podemos pensar em uma rede de televisão, um jornal, por exemplo), hoje essa produção e circulação ocorrem a partir de outra lógica. A mídia social permitiu que a produção das informações fosse disseminada para um conjunto amplo de pessoas, no qual muitos produzem. A produção de conteúdo e informação está espraiada, e há, portanto, em vez de uma relação unidirecional, redes que se formam a partir da articulação entre diversos atores. Estamos no terreno das redes sociais.

Quando falamos disso, estamos nos referindo não apenas aos conhecidos aplicativos na internet, mas à articulação de um grupo a partir de ligações e conexões que permitem interação entre eles e constituição de laços sociais. Como lemos em Recuero (2009, p. 24), a rede social "[...] é uma metáfora para observar os padrões de conexão de um grupo social, a partir das conexões estabelecidas entre diversos atores". Assim, quando falamos disso, estamos buscando compreender, a partir de uma metáfora, de uma imagem, como se dá o encontro e a relação entre pessoas.

Se podemos pensar na ideia de "rede social" em encontros presenciais (nossa rede de amigos, de contatos, de pessoas com as quais nos relacionamos), cabe apontar que as mídias digitais e a internet nos trouxeram uma ampliação de novas relações, configurando "[...] a possibilidade de expressão e sociabilização através das ferramentas de comunicação mediada pelo computador" (RECUERO, 2009, p. 24). Ou seja, permitiu-nos a construção, a interação e a comunicação com outros atores, de maneira que, diferentemente da comunicação presencial, possamos deixar rastros que, em um momento posterior, nos permitam reconhecer padrões de conexão.

Recuero (2012) elencará, a partir de uma discussão a respeito das midias sociais, um conjunto de características, como a criatividade, a conversação, os fluxos de informações diversificados e a emergência de redes sociais.

Dizer que a utilização das mídias sociais ocorre de modo criativo significa apontar que seu uso permite que os usuários sempre encontrem utilizações diversas do propósito original. Também significa que a apresentação de novidades é um recurso de fidelização de usuários, de engajamento e de participação. Desse modo, pode-se dizer que as mídias sociais que são estáticas tendem ao fracasso.

Outro aspecto fundamental é o que se chama de "conversação", isto é, a ideia de que as redes sociais permitem a associação ou a concentração de pessoas, a partir de seus interesses, por exemplo, possibilitando um envolvimento coletivo. Tal envolvimento pode ocorrer tanto no âmbito da cooperação quanto no da competição. A conversação, tal como já apontamos, proporciona que uma conversa se estenda no tempo, deixando rastros. As redes sociais tornam possível que as trocas comunicacionais sejam síncronas ou assíncronas.

Ainda cabe ressaltar que o fluxo de informações nas mídias sociais é diverso e múltiplo, ou seja, fornecemos e recebemos informações de muitos lugares ao mesmo tempo. Podemos pensar, por exemplo, nos diversos tipos de conteúdos e nas diversas redes nas quais compartilhamos várias informações nossas, pessoais ou profissionais.

Quando falamos em "redes sociais", estamos falando dessa relação, ampliada no tempo, que permite a criação de grupos e comunidades. Esse processo se configura a partir da conversação e apropriação. Segundo Recuero (2012), as plataformas estabelecem a interação e a apropriação, por meio de comentários (positivos ou negativos), em que incitam a emergência de criação de novos grupos.

Esse processo acontece por meio da visibilidade, ou seja, da exposição de informações e conteúdos na internet. Essa prerrogativa das redes sociais e das comunicações mediadas pelo computador nos traz muitos debates a respeito dos limites, inclusive éticos, do que tornamos visível na internet. Trata-se de um debate fundamental em nossa contemporaneidade e diz respeito às intereseções entre público e privado e às dificuldades de estabelecer limites entre essas duas esferas. Longe de enfatizar um código de conduta de visibilidade na internet, salientamos a importância de uma reflexão contínua a respeito daquilo que exibimos e compartilhamos em nossas redes. A prerrogativa ética é sempre importante e deve ser lembrada para as tomadas de decisão que envolvem os limites entre o que é do âmbito privado e o que é do âmbito público. Quando falamos em ética, estamos buscando enfatizar que nossas ações nas redes devem ser pautadas tanto pela reflexão a respeito da consequência de nossas atitudes quanto pela compreensão da nossa responsabilidade coletiva mesmo durante o uso de redes pessoais.

Em relação ao ambiente profissional, as mídias sociais e o aparecimento das redes sociais implicam novas posturas e novos desafios. A mudança da lógica de distribuição e a consequente articulação de conhecimentos e informações, antes unidirecionais, para o encontro com estruturas mais horizontais, plurais e diversas de comunicação e informação, apontam para a necessidade de um profissional que esteja alinhado a um mundo informacional espraiado, imerso na pluralidade de visões, no qual seu engajamento, com autonomia, reflexão, ética e responsabilidade, poderá gerar benefícios no âmbito corporativo.

Referências

LÉVY, P. **Cibercultura**. São Paulo: Editora 34, 1999.

LÉVY, P. **A Inteligência Coletiva**. São Paulo: Editora 34, 2000.

ROSENBERG, M. **Comunicação não violenta**: técnicas para aprimorar relacionamentos pessoais e profissionais. São Paulo: Ágora, 2021.

ROSENBERG, M. **Vivendo a comunicação não violenta**: como estabelecer conexões sinceras e resolver conflitos de forma pacífica e eficaz. São Paulo: Sextante, 2018.

RECUERO, R. **Redes sociais na internet**. Porto Alegre: Sulina, 2009.

RECUERO, R. **A conversação em rede**: comunicação mediada pelo computador e redes sociais na Internet. Porto Alegre: Sulina, 2012.

RECUERO, R.; GRUZD, A. Cascatas de Fake News Políticas: um estudo de caso no Twitter. **Galáxia**, São Paulo, n. 41, p. 31-47, 2019. Disponível em: http://dx.doi.org/10.1590/1982-25542019239035. Acesso em: 6 nov. 2022.

SASTRE, A.; CARVALHO, J. M. O comportamento do usuário no processo de difusão de fake news: reflexões sobre o processo de comunicação nas plataformas digitais. **Comunicação & Informação**, Goiânia, v. 21, n. 3, p. 91-106, 2018. Disponível em: https://revistas.ufg.br/ci/article/view/54005/26651. Acesso em: 6 nov. 2022.

ZATTAR, M. Competência em informação e desinformação: critérios de avaliação do conteúdo das fontes de informação. **Liinc em Revista**, Rio de Janeiro, v. 13, n. 2, p. 285-293, 2017. Disponível em: https://revista.ibict.br/liinc/article/view/4075/3385. Acesso em: 6 nov. 2022.